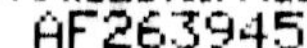

NOUVELLES PREUVES

DE

LA COMMUNION

DE LA REINE

MARIE-ANTOINETTE

A LA CONCIERGERIE

PAR N.-M. TROCHE,

Chevalier de l'ordre Pontifical de Saint-Grégoire-le-Grand.

Extrait du journal LE MONDE

du 17 juillet 1864.

PARIS

IMPRIMERIE DIVRY ET Ce

RUE N.-D. DES CHAMPS, 49.

1864.

NOUVELLES PREUVES

DE LA COMMUNION

DE LA

REINE MARIE-ANTOINETTE

A LA CONCIERGERIE.

Le préjugé, cette disposition intellectuelle sur laquelle sont trop souvent fondées les opinions émises par la plupart de nos écrivains modernes, n'est autre chose qu'une opinion formée ou adoptée, soit individuellement, soit collectivement, avant que d'avoir été jugée par la voie des recherches, du raisonnement, ou d'avoir fait quelques efforts pour conquérir la vérité.

Ainsi, le touchant et pieux événement de la communion de la reine de France Marie-Antoinette pendant sa captivité à la Conciergerie, était un fait qui, ayant échappé à de consciencieuses investigations, se trouvait assez généralement mis en doute, ou contesté, avant la publication dans le journal le *Monde* (31 mars 1863) de ma lettre, où j'ai déroulé toutes les circonstances positives de cette scène chrétienne, et j'aime à penser que la clarté des preuves et la fidélité du tableau auront frappé des intelligences en retard ou encore indécises.

Cependant, en ce moment où des plumes logiques et essentiellement judicieuses ont entrepris avec succès de réhabiliter l'auguste martyre, si indignement outragée et calomniée par le jacobinisme ou par des démocrates exaltés, il nous paraît utilement nécessaire d'appuyer par de nouvelles preuves la réalité de cette cérémonie sainte, accomplie dans un lieu terrible, par une reine demandant à Dieu la force et la résignation pour supporter sa situation présente.

Ainsi donc, pendant longtemps, on n'a parlé du fait de cette communion de la reine captive qu'avec une réserve discrète ou dubitative, tout en conservant pour M. l'abbé Magnin, le digne confesseur de cette princesse infortunée, tout le respect dû à son caractère sacré, et la haute considération dont il a joui jusqu'à sa fin, et qui lui survit. Il n'y avait donc là que de la prévention. Or, cette prévention, qui est un diminutif du préjugé, a eu pour cause l'extrême circonspection du vénérable prêtre à ne point se prévaloir de cet acte de dévouement, qui fut précédé et suivi de beaucoup d'autres; puis son sentiment inné de convenance et d'humilité.

Le seul publiciste qui, évidemment, dans un but d'intérêt privé, a osé, par la presse, accuser de *faux* le digne confesseur de la reine martyre, est un prêtre apostat ; faussaire historique lui-même, ainsi que nous l'avons déjà prouvé et qu'on va le revoir.

Lafont-d'Auxonne avait une conduite qui, comme prêtre, lui mérita des reproches et lui fit quitter le sacerdoce pour se faire littérateur et industriel. On peut dire ici, sans blesser la charité, qu'il jouissait d'une mauvaise réputation. Impliqué dans un procès de testament argué de faux, concernant les frères Michel, banquiers à Paris, il y figura comme témoin. C'est dans cette circonstance qu'on citait alors ce dialogue échangé entre lui et le magistrat instructeur : « Votre état? —Jadis prêtre; aujour- « d'hui, fabricant de bleu de Prusse! —Ah ! j'ai « toujours cru et je crois encore que le caractère « sacerdotal est indélébile... » Lafont-d'Auxonne mourut dans l'isolement à Paris en 1849. (*Biogr. gén.* de Didot, t. 28; col. 764.)

Et voilà l'homme qui osa attaquer dans leur honneur l'abbé Magnin et Mlle Fouché, son introductrice dans la Conciergerie. A l'appui de son assertion il a invoqué parmi tous les témoignages, qu'il a rédigés lui-même et qui portent le caractère évident de la fausseté, celui de la dame Bault, veuve du concierge de la prison, qui le désavoua implicitement dans une lettre qu'elle écrivit à M.

Magnin et publiée par Achaintre, p. 451 de son *Histoire de Marie-Antoinette*. Au reste, voici le jugement que porte de ce prêtre rebelle M. de Lescure : « Lafont était un peu fou, comme on l'a vu « plus tard, et il est bien difficile de faire leur « juste part à la vérité et à l'imagination dans son « livre, qui contient néanmoins des documents « précieux. » (*La vraie Marie-Antoinette*, p. 198.)

La négation de l'acte de dévouement de M. l'abbé Magnin se fondait principalement sur l'impossibilité absolue de l'introduction des prêtres dans cette prison de la Conciergerie, qui touchait au tribunal révolutionnaire, d'où les juges, en se mettant à la fenêtre de leur salle de délibérations, marquaient de l'œil les accusés qui circulaient dans les cours : impossibilité qui se rattachait aux prêtres insermentés.

La preuve formelle que cette impossibilité n'a point été absolue, comme on l'a avancé quelquefois sans examen, résulte des témoignages que j'ai recueillis avec soin, et que je vais donner ici, pour confirmer d'une manière incontestable ce que j'ai publié dans ma lettre précitée.

La possibilité de l'introduction secrète d'un prêtre dans la prison, ressort d'abord du caractère d'humanité et de prévenance des concierges, secondés par quelques affidés dans leurs services. Presque tous les historiens consciencieux de la reine martyre sont unanimes pour constater les soins, les sollicitudes dont les époux Richard et Bault, concierges successifs, entourèrent leur auguste prisonnière. Et, pour prouver cette circonstance, il me suffit de renvoyer mes lecteurs aux chapitres 6 et 7 de l'*Histoire de Marie-Antoinette,* par Achaintre ; puis au récit de *Rosalie,* servante desdits concierges, publié par Lafont-d'Auxonne, et reproduit par M. Emile Campardon, dans son livre : *La Reine à la Conciergerie.* Toutefois, je dois faire observer que cette humble fille de la campagne étant illettrée, et sa déclaration ayant probablement été rédigée par Lafont-d'Auxonne, on ne doit, malgré son exactitude apparente, ne s'y arrêter qu'avec une certaine réserve.

Je pourrais, sur la magnanimité des concierges, donner ici beaucoup d'attestations ; mais je dois me borner aux courtes citations suivantes :

« Tandis que la Reine était à la Conciergerie, « nous avions la triste consolation d'avoir de ses « nouvelles à peu près tous les jours. La femme « du concierge, appelé Richard, était notre in- « termédiaire auprès de cette princesse. » (*Souvenirs de la marquise de Créquy*, tome VIII, page 147.)

« M. et Mme Bault, concierges de la prison de la « Force, furent nommés à la Conciergerie pen- « dant la détention des époux Richard. Lorsque « ceux-ci sortirent de prison et reprirent leurs « fonctions, Bault et sa femme retournèrent à la

« Force. Dans cette prison et dans celle de la Con-
« ciergerie, M. et Mᵐᵉ Bault se firent aimer des
« détenus par leur humanité. » (Em. Campardon,
Marie-Antoinette à la Conciergerie, page 132.) (1)

« Son gardien (de la Reine), nommé Barrasin,
« qui faisait dans cette prison (la Conciergerie)
« son ban de galérien, à la condition d'espionner
« les détenus, et même le concierge, eut plus d'é-
« gards pour elle que n'en avait eu le geolier du
« Temple. » (*Dictionnaire historique de F.-X. de
Feller*. Tome VIII, p. 490. — Em. Campardon; L.
C , p. 191.)

« Le concierge fut plus humain que les officiers
« municipaux, pendant les soixante-quatre jours
« qu'elle resta à la Conciergerie ; elle reçut de lui
« tous les adoucissements qu'il put lui donner. »
(Gallois, continuateur de l'*Histoire de France*,
d'Anquetil ; tome Iᵉʳ, page 108.)

Enfin, MM. E. et J. de Goncourt constatent « la
« miséricorde de Richard, soutenue et enhardie
« par l'approbation muette et l'appui secret de
« quelques officiers de la municipalité, qui trom-
« paient les ordres de Fouquier-Tinville. » (*Histoire de Marie-Antoinette*, page 404.)

(1) Ce jugement de l'honorable historien confirme ce
que j'ai pu apprécier du caractère de bonté et de fran-
che effusion qui distinguait la dame Vᵉ Bault, lorsqu'elle
donnait les curieux détails que l'honorable abbé Hugues,
ancien curé de Sainte-Valère, chanoine honoraire de
Paris, et moi, avons entendus, de sa bouche même, chez
M. Magnin, où nous l'avons vue souvent.

Or, d'après des témoignages aussi positifs de cette disposition continuelle à la bienveillance et à la compassion, on peut rationnellement conclure que les concierges, témoins habituels des vertus angéliques et de la résignation de l'auguste captive, furent les agents directs qui, sous le voile du mystère et avec la coopération secrète des officiers dont parlent MM. de Goncourt, préparèrent l'accomplissement de cette œuvre de consolation et de pieuse charité, dont nous allons donner ici de nouvelles preuves de la réalité.

Deux ans avant la publication du premier pamphlet de Lafont-d'Auxonne, l'abbé de Feller parlait en ces termes de l'abbé Magnin, sans le nommer, il est vrai, mais en le désignant de manière à le faire aisément reconnaître : « On assure qu'un « ecclésiastique fidèle était parvenu jusque dans « sa prison et lui avait apporté les secours et les « consolations de son ministère. Ce prêtre, que la « voix publique désigne assez généralement, qui « a reçu des marques de la reconnaissance de la « famille royale depuis 1814, occupe dans une « des paroisses de Paris un poste honorable et mérité à bien des titres. Au reste, il a tellement « enveloppé son héroïque dévouement du voile de « la modestie, qu'il nous a été impossible d'apprendre des détails à ce sujet. » (*Dictionnaire historique*, tome VIII, art. MARIE-ANTOINETTE.)

Voici maintenant ce que dépose M. le vicomte

Walsh : « L'héroïque veuve de Louis XVI a eu
« pour soutien dans son cachot la religion ; et
« c'est à tort, nous avons de bonnes raisons de le
« croire, que l'on avance que les secours spiri-
« tuels du catholicisme lui avaient manqué à ses
« derniers moments ; je tiens de M. l'abbé Magnin,
« curé de Saint-Germain-l'Auxerrois, que, pen-
« dant la captivité de Marie-Antoinette à la Con-
« ciergerie, il avait trouvé le moyen, à l'aide de
« catholiques fervents, de pénétrer sous le nom
« de Charles, et revêtu de l'uniforme de garde na-
« tional, dans le cachot de la Reine, de lui dire la
« messe, et, de ses propres mains, de lui donner
« la sainte communion. Quelques doutes avaient
« été élevés à cet égard ; l'assertion formelle du
« saint prêtre que je viens de nommer a effacé de
« mon esprit toute espèce d'incertitude ; aussi je
« n'ai pas hésité, dans les *Journées mémorables*
« *de la Révolution française*, de répandre cette
« divine consolation sur les derniers moments de
« l'auguste et royale. victime du 16 octobre. »
(*Encyclopédie cath.*, tome XIV, page 290.)

M. l'abbé Gosselin, ancien supérieur du sémi-
naire de Saint-Sulpice, dans la *Vie* de son vénérable prédécesseur, M. l'abbé Emery, tome Ier,
page 362, a écrit ce qui suit, que nous consignons
ici avec la note confirmative qui se trouve au bas
de la même page : « Plusieurs témoignages dignes
« de foi nous apprennent que M. Emery eut aussi,

« dans sa prison, quelques rapports avec la reine
« Marie-Antoinette, et qu'il fut même assez heu-
« reux pour lui procurer le bienfait de l'absolu-
« tion sacramentelle. On sait que cette princesse,
« pendant sa réclusion à la Conciergerie, refusa
« constamment de recourir au ministère des prê-
« tres schismatiques ; mais il paraît certain qu'elle
« réussit en plusieurs occasions à se procurer les
« secours de la religion de la main de quelques
« prêtres catholiques (1), et entre autres de celles
« de l'abbé Magnin, qui devint plus tard curé de
« Saint-Germain-l'Auxerrois. »

Dans un triste et repoussant ouvrage, évidemment apocryphe, publié récemment pour amorcer
la curiosité publique sous ce titre étrange : *Mémoires de la famille Sanson*, l'exécuteur des hautes
œuvres de la Cour de Paris y donne aussi un témoignage de l'intervention de l'abbé Magnin à la
Conciergerie : témoignage d'autant moins irrécu-
sable qu'il aurait été pris, ainsi que le déclare
l'auteur de ces *Mémoires*, sur les notes archiviques
de son ancêtre, de celui-là même qui consomma
le sacrifice de la reine martyre.

(1) Ce fait, au sujet duquel on a élevé des doutes, paraît néanmoins solidement établi par des témoignages
irrécusables, ainsi qu'on peut le voir dans les ouvrages
suivants : *Histoire de Marie-Antoinette*, par Montjoie,
page 513. — *Etudes critiques sur les Girondins*, par Nette-
ment, page 245. — *Ami de la Religion*, tome II, page 11 ;
tome VII, page 53 ; tome IX, page 335, et tome CXIX,
page 532.

Voici donc ce qu'on lit à la page 236 du tome IV : « La Reine avait prévu qu'on ne permet-
« trait pas à un prêtre de l'Eglise romaine de lui
« apporter les suprêmes consolations de la reli-
« gion; elle s'en était inquiétée, et un membre
« non assermenté du clergé, l'abbé Magnin, qui,
« du temps de Richard, avait pénétré à la Concier-
« gerie, lui avait promis de se trouver, le jour du
« supplice, dans une maison de la rue Saint-
« Honoré, et de laisser tomber sur sa tête cette
« absolution *in extremis* pour laquelle l'Eglise a
« remis tous ses pouvoirs aux plus humbles de ses
« ministres. Le numéro de cette maison avait été
« désigné à Marie-Antoinette, et c'était elle qu'elle
« cherchait; elle la trouva, et alors, à un signe
« que seule elle pouvait comprendre, ayant re-
« connu le prêtre, elle baissa le front, se recueillit
« et pria; puis un soupir d'allégement souleva sa
« poitrine et on vit un sourire sur ses lèvres. »

Si, comme on l'a vu ci-dessus, l'introduction de l'abbé Magnin dans la prison de la Conciergerie est un fait désormais indubitablement certain; si le fait de la communion donnée par lui à la Reine est reconnu parfaitement exact, il n'en est pas de même si on s'arrête à l'assertion de M. H. Sanson, au sujet de la bénédiction *in articulo mortis*, qui, en effet, a été donnée à l'auguste victime sur le chemin de la mort, mais par une autre main que celle de l'abbé Magnin.

Dans l'ouvrage intitulé : *Souvenirs de la marquise de Créquy*, et réputé apocryphe, bien qu'il soit d'une minutieuse exactitude historique dans les faits qu'il renferme, on lit à la page 251 du tome VIII : « L'abbé du Puget s'était placé sur le « passage de la Reine, à l'angle de la rue Royale « et de la place Louis XV, afin de l'absoudre *in* « *articulo mortis*, avec indulgence appliquée sur « une relique de la vraie croix. On avait trouvé « moyen d'en faire prévenir Sa Majesté ; mais « comme on avait omis de lui dire que cet aumô- « nier du feu roi se placerait du côté gauche, au- « dessous du Garde-Meuble, et comme cette prin- « cesse avait le dos tourné de ce même côté (parce « qu'on l'avait fait asseoir sur un banc qui était « en longueur de la charrette, et non pas en tra- « vers), elle avait commencé par regarder devant « elle et du côté de l'hôtel de Coislin ; mais n'y re- « connaissant personne, elle avait précipitamment « retourné sa tête, et son visage éclata d'une « sainte joie quand elle aperçut la vénérable « figure de M. du Puget, qui s'était fait monter « sur un talus de pierres, et qui lui fit voir un « crucifix en lui donnant l'absolution. »

Je dois encore, sans sortir de mon sujet, relever une autre grave erreur échappée à l'*historien* Sanson : Il dit (tome IV, p. 232) que l'abbé Loth-ringer, prêtre assermenté, assista la Reine à la mort, lorsqu'il est notoirement positif que ce fut

l'abbé Girard, curé de Saint-Landry et vicaire-
général de l'évêque constitutionnel Gobel, désigné
à cet effet par la Convention nationale. Or, c'est
Philippe-Egalité, duc d'Orléans, et non la Reine,
que l'abbé Lothringer, aussi vicaire-général de
Gobel, accompagna au supplice, en vertu d'une
permission de Fouquier-Tinville. Cela résulte
d'une lettre écrite par ce prêtre alsacien à l'abbé
Sicard, directeur des Sourds-Muets, à sa sortie de
la prison, où il avait été mis pour avoir rétracté
son serment de 1791, lettre pleine de détails qui
se trouve dans les *Souvenirs de Mme de Créquy*,
tome VIII, page 200.

Par de nouvelles recherches, je pourrais sans
doute ajouter encore d'autres preuves à celles évi-
dentes réunies ci-dessus, mais je veux terminer
ici ma démonstration consciencieuse par la lettre
suivante, qu'a bien voulu m'adresser, le 31 octobre dernier, un très-honorable magistrat de Paris,
enfant de la paroisse Saint-Germain-l'Auxerrois :

« Monsieur, j'ai lu avec intérêt votre notice sur
« feu M. l'abbé Magnin et sur sa présence à la
« Conciergerie, en 1793, près de la reine Marie-
« Antoinette. Vous y rappelez que ce fait a été vi-
« vement contesté; mais vous pensez fort juste-
« ment qu'il suffit pour l'établir de l'affirmation
« même de M. Magnin, homme éminemment ho-
« norable, que nous avons longtemps connu, es-
« timé et vénéré, lorsqu'il était curé de Saint-

« Germain-l'Auxerrois, et dont on peut dire que
« la vie profondément chrétienne ne s'est jamais
« un seul instant démentie. Vous mentionnez à
« ce sujet des paroles qu'il a prononcées en chaire
« et qui avaient, sur ce point, toute la précision
« désirable. Je puis y ajouter le souvenir d'une
« autre déclaration semblable, à laquelle j'ai as-
« sisté, et qu'il peut vous être agréable de connaî-
« tre. Un 16 octobre, comme tous les ans, sous la
« Restauration, on célébrait un service funèbre
« en l'honneur de la Reine, et on y lisait en chaire
« la dernière lettre écrite par elle de la Concierge-
« rie. Quelques expressions de cette lettre, dans le
« but sans doute de prévenir des persécutions,
« écartent l'idée qu'un prêtre insermenté ait pu
« approcher de la Reine. M. Magnin, après en
« avoir donné lecture, a dit : « *Nous avons, mes*
« *Frères, la consolation de vous annoncer, mal-*
« *gré les termes de cette lettre, que la Reine a*
« *eu le bonheur de recevoir les secours de la reli-*
« *gion.* » Rien n'a été dit au delà, et je crois pou-
« voir affirmer que ce sont là textuellement les
« paroles qui ont été prononcées. Jamais, du reste,
« dans la conversation du monde, je n'ai eu l'oc-
« casion d'entendre M. Magnin faire allusion à
« cet événement. Je pense que c'était de sa part
« sentiment de convenance et esprit habituel d'hu-
« milité. — Veuillez agréer, etc. »

Arrivé à la conclusion de cet humble, mais

utile travail, je déclare que mon unique but a été de me mettre en libre communication avec mes lecteurs, sans avoir la prétention de les endoctriner, mais bien de leur prouver clairement que l'erreur ou le préjugé, qui faisait nier ou mettre en doute que la reine captive ait pu recevoir à la Conciergerie les secours de la religion, était uniquement basée sur le manque d'examen, et que, sans trop d'amour-propre ou sans affecter une fausse modestie, j'ai la conviction d'avoir fixé la vérité, et enfin que ce pieux incident ne pourra plus être révoqué en doute, car la réunion de tant d'honorables témoignages présente une autorité si haute, que rien ne serait croyable, si elle ne l'était pas.

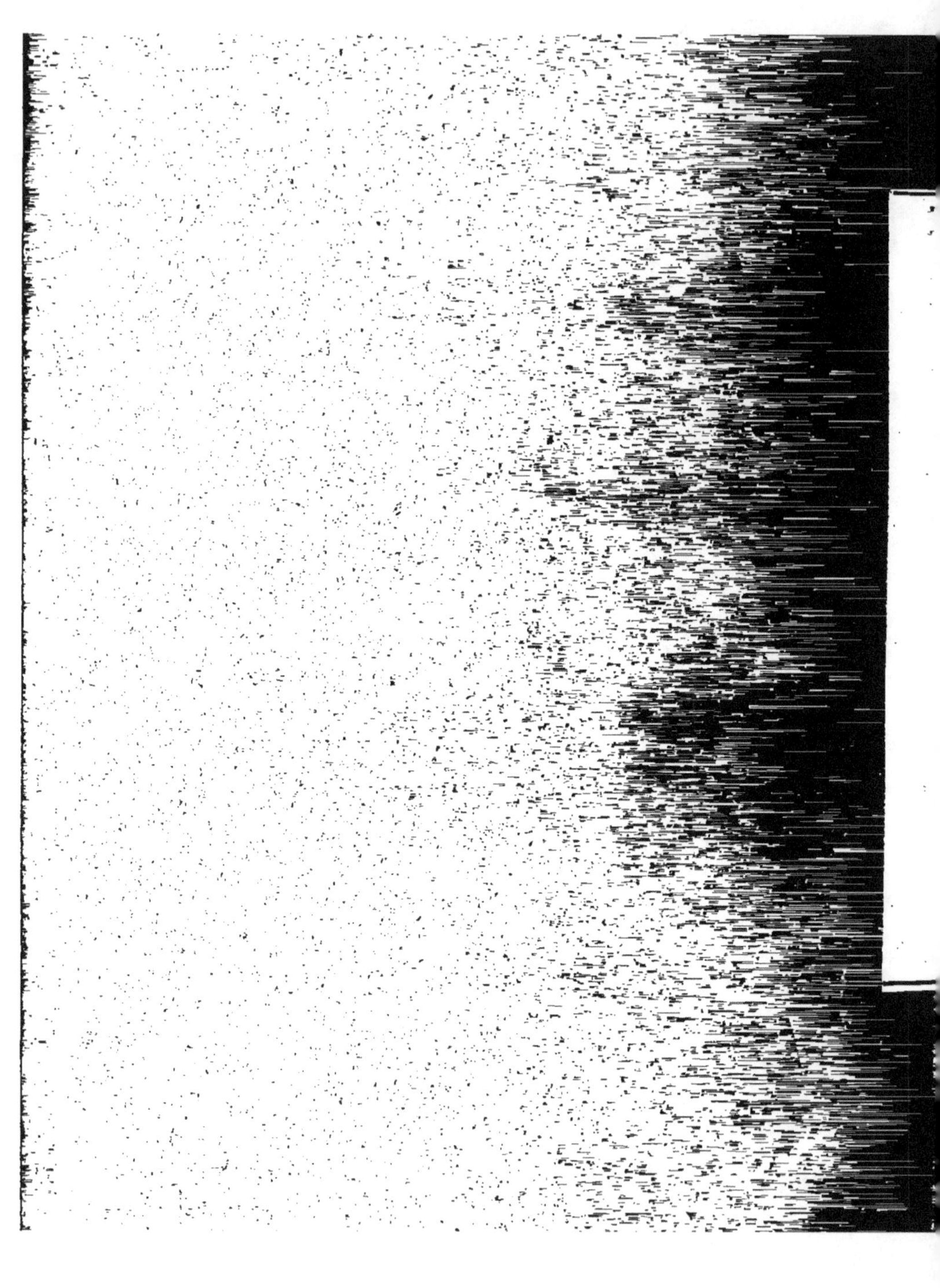